© 2022 Celina Werner
Illustriert von: Sara Werner

ISBN: 978-3-347-75969-5

Druck und Distribution im Auftrag der Autorin:
tredition GmbH,
An der Strusbeck 10, 22926 Ahrensburg, Germany
Das Werk ist urheberrechtlich geschützt. Für die Inhalte ist die
Autorin verantwortlich. Jede Verwertung ist ohne ihre
Zustimmung unzulässig. Die Publikation und Verbreitung
erfolgen im Auftrag der Autorin, zu erreichen unter: tredition
GmbH, Abteilung "Impressumservice", An der Strusbeck 10,
22926 Ahrensburg, Germany
Direkt erreichbar ist die Autorin unter der E-Mail:
celina.marie.werner@web.de und auf Instagram: @cecewerner

celina werner

Mein Abendspaziergang

Auf der Suche nach
Glückseligkeit

Illustriert von
meiner geliebten Schwester.
Inspiriert von
großartigen Bekanntschaften.

Autorin

Geschrieben ist dieses Buch von einer jungen Frau, die die Welt bereist. Eigentlich hat sie das schon immer getan: Aufgewachsen mit der kenianischen Kultur in einer Familie, die viel und gern unterwegs war, von Europa bis hin nach Australien. Mit 18 Jahren dann der Entschluss, weiter zu entdecken: Ob Neuseeland, Bali und die Südsee mit ihrer besten Freundin. Zusammen mit ihrer Schwester und einer Matratze im ersten eigenen Auto durch Frankreich. Oder schließlich ganz allein bis an die westlichste Küste Europas.

Auf die Frage, welches Wort sie am besten beschreibt, antwortet sie mit »neugierig«. Neugier nach dem Unbekanntem, das Verstehen wollen. Sie möchte lernen, ein Leben lang über sich hinauswachsen.
Sie versteht die Herausforderung Leben als Forderung, aus sich herauszukommen.

Für sie gilt:
Barfuß sein und nasse Haare
sind nicht unangemessen.
Nirgends.

Und das erste, was sie dir mit auf den Weg
geben möchte, ist:
Wenn du gut bist in etwas oder gut darin
werden möchtest, dann bleib dran. Versagen
kannst du nur, wenn du einem dir gegebenen
Talent nicht die Chance gibst, ganz groß zu
werden. Und bist du da angekommen, wo du
hinwolltest, dann ist in Wirklichkeit genau
jetzt der Zeitpunkt, damit weiterzumachen.

Für dich.
Von mir.

Vorwort

Menschen, die heute auf die Richtigkeit ihres Wissensstandes bestehen, haben vergessen, dass ein Jemand vor 100 Jahren gleiches von seinem behauptet hat. Ihnen ist nicht bewusst, dass sie in 100 Jahren genau diese Position einnehmen werden.

Das sage ich hier an dieser Stelle, um zu verdeutlichen, dass all meine heutigen Erkenntnisse sicherlich nicht dem entsprechen, was ich eines Tages erkannt haben werde. Doch sie legen das Fundament dafür und ich offenbare mit Stolz, was ich bisher lernen durfte. Wer weiß, vielleicht melde ich mich noch mal wieder und erzähle dir mehr. Erzähle anders, oder auch ähnlich. Das ist Hier und Jetzt aber nicht wichtig, es hat keine Relevanz.

Sieh meine Worte als Chance, einen neuen Blickwinkel auf die Welt zu bekommen. Als Chance, ein besseres Gespür dafür zu bekommen, wie deine Mitmenschen möglicherweise empfinden, wahrnehmen und verarbeiten. Als Chance, dich selbst neu kennenzulernen.

Und falls ich dich auch nur ein kleines bisschen berühren kann mit meinen Worten, habe ich genau das erreicht, was ich wollte, und noch viel mehr.

***

So unendlich viel habe ich in meinem Kopf
gehabt. Tag für Tag. Habe nie versucht, all das
festzuhalten. Es schien mir zu viel. Wo sollte
ich anfangen? Doch in meinen Rucksack habe
ich dieses Notizbuch gepackt. Gold. »Make a
wish« ist darauf eingraviert. Ein
Reisetagebuch sollte es werden. Das war es
auch zunächst. Mit der Zeit aber ist es zu
einem Buch geworden, gefüllt mit meinen
Gedanken, Wünschen, Träumen, Sorgen und
Erkenntnissen. Ein Schatz, den ich immer mit
mir trage. Darauf folgte ein zweites.
Bräunliches Cover. Aus grüner Pappe habe ich
»Hawaii« ausgeschnitten und darauf geklebt.
Den Ort, den ich nie erreicht habe.
Mittlerweile ist das mit einem Bleistift
durchgestrichen, darunter geschrieben steht
»Portugal«. Auch dieses ist fast voll. Ein
nächstes habe ich bereits. Es ist verziert mit
getrockneten Blumen. Handgemacht.
Ich bin so gespannt, wie es weitergeht.

Wieso möchte ich meine Gedankenwelt veröffentlichen? Woher kommt das Bedürfnis, all das hier teilen zu wollen?

Ich habe das Aufschreiben nicht begonnen mit der Intention, eines Tages ein Buch daraus zu binden. Doch ich habe gemerkt, mit jeder neuen Seite, die sich mit Leben gefüllt hat, dass viele meiner Gedanken ihren Ursprung haben in Fragen, in Erkenntnissen und in Ratschlägen meiner Mitmenschen. Sie sind entstanden aus Gesprächen, aus Beobachtungen, aus Gelesenem.

Ich stelle mir vor, dass dieses kleine Buch in deinem Regal steht, gelesen hast du es vermutlich binnen eines Nachmittags. Doch es steht dort in deinem Regal, lässt deine Gedanken wieder aufblühen, wenn du es siehst. Möglicherweise hast du dir die eine oder andere Seite markiert, die für dich persönlich eine Bedeutung hat.

Mein Buch steht für
Mut zu Ehrlichkeit,
Mut zu Entscheidungen und
Mut zu Selbstverwirklichung.
Auf der Suche nach Glückseligkeit.

Gedacht.
Gesammelt.
Aufgeschrieben.

hey hey.

Schön, dass du mir zuhörst.

Ich bin nicht daheim. Ich bin unterwegs. Die letzten drei Jahre war ich das oft. Reisen gehört zu meiner Lieblingsbeschäftigung. Wobei, eigentlich ist es keine Beschäftigung, es ist Teil meines Lebens geworden. Wenn ich unterwegs bin in anderen Ländern, anderen Städten, auf anderen Kontinenten, dann fühlt es sich erfüllt an, alles, mehr als Freude, Dankbarkeit oder Abenteuerlust. Als hätte man all das und noch viel mehr glückliche Emotionen in einen Topf geworfen, geschüttelt, den Deckel geöffnet und heraus kam die Erde, die erkundet werden möchte.

Es ist Donnerstag, der zwölfte November.
Endlich die Beine hochlegen. Fühlen sich an
wie Wackelpudding nach der Strecke, die wir
zurückgelegt haben. 16 Kilometer sind es
gewesen, glaube ich, hoch und runter, über
Stock und Stein. Am rauen Meer entlang,
durch dichte Wälder und über kleine
Trampelpfade. Mein Platz in unserem
Schlafsaal ist oben in einem der Hochbetten.
Der Aufstieg, na ja, wie soll ich sagen,
erleichternd, als es geschafft war. Die
Augenlider werden schwer wie Blei.
Eingemuckelt im Schlafsack freue ich mich, als
ich sehe, dass sich gleich auf Höhe meiner
Matratze ein kleines Fenster befindet. Nicht
größer als der Deckel eines Schuhkartons und
dunkel ist es auch schon. Jetzt ahne ich noch
nichts von dem, was mir dieser Ausblick
heute Nacht noch für ein Geschenk beschert.
Nicht einmal ein Schäfchen schafft es über die
Mauer, da bin ich bereits eingeschlafen. Wäre
das immer so einfach. Die Decke ist so nah, es
fühlt sich an, als berühre sie gleich meine
Nasenspitze. Ich muss zur Toilette. Alle
schlafen, davon gehe ich aus. Ein kurzes

Schnarchen von hinten links, eine Umdrehung lässt sich gleich unter mir vermuten und ein leichtes Schmatzen ist kurz darauf auch zu hören. Nun gut, vorsichtig krieche ich aus meinem Schlafsack. Bloß nicht zu laut, alle hier müssen morgen früh los und wollen ausgeruht sein. Verständlich, es stehen wieder einige Kilometer bevor. Und da sehe ich es, die Augen noch kaum geöffnet, sehe ich Licht. Nicht nur eins, viele kleine Lichter durch das Fenster gleich neben mir. Sind das die Sterne? Es müssen die Sterne sein. Immerhin ist es mitten in der Nacht, hier im Nirgendwo läuft keiner mit Taschenlampen um die Hütte herum und Glühwürmchen gibt es hier auch keine. Beziehungsweise doch, die gibt es, aber nicht so. So viele, so hell. Unmöglich. Also rücke ich näher an das Fenster. Meine Nasenspitze drückt sich gegen die Scheibe, meine Augen kugelrund und aufgerissen, der Mund steht mir offen. Es ist der Sternenhimmel. Tatsächlich, wie im Bilderbuch, nein, viel schöner als im Bilderbuch. So schön habe ich es mir nie vorgestellt. Bei uns daheim ist man froh, mal einen Stern zu sehen, der Große Wagen, das Spektakulärste, was ich bisher gesehen habe. Aus dem Hochbett komme ich wie von allein. Als wäre der Rücken nie kaputt gewesen. Schnell die Fleecejacke übergeworfen, Schlappen an und durch die Zimmertür gehuscht. Auf die Suche nach dem Lichtschalter mache ich mich gar nicht erst. Die Angst vor der Dunkelheit ist auch wie verschwunden. Ich öffne die schwere Holztür nach draußen und mache noch wenige Schritte auf die Veranda. Mein Kopf legt sich in den Nacken, mein Blick verharrt. Es sind Tausende. Mehr als Tausende, Millionen, Milliarden. Kleine, große, manche sehen aus wie kleine weiße Punkte, andere blenden mich gar, weil sie so hell strahlen. Milchstraßen, nicht nur eine, überall. Als wäre der Himmel an dieser Stelle verraucht, milchig eben, so sieht es aus. Zwischendrin bewegen sich die Punkte. Es sind keine Sternschnuppen. Satelliten, vermute ich mal, oder ein Flugzeug auf dem Weg an einen der wunderschönen Orte dieser Erde. Vielleicht auch noch etwas anderes, ich werde es nie erfahren und es ist

mir auch egal. Wie verzaubert stehe ich hier,
kann kaum glauben, was ich da sehe. Dass der
Nachthimmel mit Mond und Sternen für mich
eines der schönsten Naturwunder ist, das
wusste ich schon vorher, obwohl ich ihn in
seiner vollen Pracht noch nie gesehen hatte.
Jetzt war es soweit. Das Meer rauscht im
Hintergrund, sehr leise, es scheint weit weg zu
sein. Von rechts und links kaum Geräusche,
mal pfeift der Wind durch die Büsche,
erkennen kann ich sie jedoch nicht, wie eine
schwarze Hülle um mich herum, so dunkel ist
es. Klar, wo keine Lichter brennen, wir sind
mitten in der Natur, da bleibt der
Sternenhimmel die einzige Beleuchtung. Und
genau das macht ihn hier an diesem Ort so
einzigartig. Es fühlt sich an wie Stunden, die
ich hier stehe und in den Himmel starre. Mir
kullert eine Träne über die linke Wange. Ich
stoppe sie mit meiner Zunge, als sie meinen
Mund erreicht. Sie schmeckt nach Freiheit,
nach Glückseligkeit und nach Dankbarkeit.
Dankbarkeit dafür, dass ich diesen Moment
ganz allein, nur mit mir selbst erleben darf.
Die Blase drückt, da war ja was. Ich drehe

mich um, gehe, so schnell ich kann, zu der kleinen Toilette hier draußen hinter der Veranda, schließe die Tür und setze mich. Einen leisen Seufzer gebe ich von mir, noch immer überwältigt von der Schönheit dieses Nachthimmels. Zurück auf der Veranda fasse ich den Entschluss, mich noch nicht zurück ins Bett zu legen. Es ist stockduster, ich habe Angst vor der Dunkelheit. Es ist vermutlich schon sehr spät, wie spät genau, ich weiß es nicht. Es gibt eigentlich nichts, was mich hier gefährdet, das ist mir bewusst. Ich kenne den Weg zum Strand, den sind wir gestern Abend gegangen, um den Sonnenuntergang zu schauen. All das, nur kurze Gedanken, die mir in den Kopf schießen,
denn eigentlich weiß ich:

Diese Nacht hat mich in den Bann gezogen. Ich kann jetzt nicht einfach schlafengehen, meine Gedanken kreisen umher, Unmengen an Emotionen sprudeln in mir, es ist gar keine Frage, ob ich noch hier draußen bleibe, es ist entschieden. Drei Stufen sind es und meine Fußsohlen stehen auf dem kühlen Sand.

Die Schlappen wären überflüssig. Abgesehen davon bin ich sowieso ein großer Verfechter der Barfüßigkeit. Den Untergrund, auf dem man läuft, bewusst wahrzunehmen ist eine tolle Erfahrung, wenn man sich darauf konzentriert und einlässt.

Weich. Weich und kalt ist es hier.

Und ich laufe los.
Mache mich auf den Weg.
Mein Abendspaziergang beginnt.

Ich erzähle dir von mir.

Ich nehme dich mit in meine Welt.

Trotzdem werde ich ein Rätsel für dich bleiben. Alles, was du tun kannst, ist, meine Gedanken und Gefühle auf dich wirken zu lassen. Möglicherweise erkennst du dich wieder, kannst dir selber neue Fragen stellen, findest Antworten. Aber versuche nicht, mich zu analysieren, denn das kannst du nicht. Beobachte dich selbst.

Spaziergänge mache ich gern allein.
Heute begleitest du mich. Das ist schön. Es ist
schön, dass du meinen Gedanken deine
Aufmerksamkeit schenkst.

Musik berührt mich.
Sie muntert mich auf.
Macht mich nachdenklich,
macht, dass ich lauf.
Egal was, ich möcht zu ihr tanzen.

Kaum ein Lied gibt es, das ich nicht mitsummen kann, zumindest fühlt es sich so an. Gar Mitsingen ist oftmals kein Problem. Und darüber hinaus erzählt jedes Lied für sich allein eine Geschichte. Was aber das Beeindruckendste ist: Ich möchte behaupten, dass Musik Emotionen in mir hervorrufen kann. Und das immer. Höre ich lang genug melancholische Musik, so werde ich nachdenklich, fange an zu grübeln, werde möglicherweise traurig und beginne zu weinen. Höre ich Musik, die mich aufmuntert, so tut sie das, unabhängig davon, wie ich mich zu Beginn gefühlt habe.

Gerne beschreibe ich Musik als Begleiter in Zeiten, in denen ich allein bin. Sie ist für mich wie eine Umarmung, wie ein tröstendes Gespräch, wie eine Hand, die meine hält. Ich möchte damit nicht sagen, dass Musik all das ersetzen kann, sicherlich nicht. Aber sie kann all das und wir sollten Gebrauch davon machen. Nicht nur, um zu tanzen, als Hintergrundbeschallung oder aus Gewohnheit im Alltag mit Kopfhörer auf den Ohren.

Musik wahrzunehmen, ganz bewusst, gezielt
ausgewählt, das ist eine wunderbare
Erfahrung, die mir persönlich so gut tut.

Denn sie gibt mir genau das, was keiner
in Worte fassen oder
in Taten umsetzen kann.

Ich setze mich auf den Boden,
denn da sitze ich gern,
setze meine Kopfhörer auf
und höre dieses Lied,
vielleicht sogar gleich zweimal oder dreimal,
ganz egal, und
ich wärme mich auf.

Wenn ich leicht bekleidet bin, dann heißt das nicht, dass ich »leicht zu haben« bin.
Du verurteilst mich, weil du mich beneidest. Du bewunderst mich, weil du dich selber nicht traust. Und wenn du es missbrauchst, dann bist du es nicht wert, deshalb damit aufzuhören.

Ein viel diskutiertes Thema, nicht wahr?
Meine Antwort darauf ist ganz simpel und
eindeutig: Zieh an, was du willst.
Punkt. Aus. Ende.
Das ist kein Diskussionsthema.

Das Leben ist ein Tanz.
Ich möchte daran teilnehmen.

Ein Spruch, den vermutlich jeder schon einmal gehört oder gelesen hat. Genauso häufig habe ich mitbekommen, dass das Leben doch wohl kein Tanz sei, sondern ein Kampf. Ein Kampf gegen Erwartungen, ein Kampf gegen sich selbst, ein Überlebenskampf. Ich denke, das Leben ist ein Tanz. Tanzen macht Freude, lastet mich aus. Tanzen macht mich müde, zwingt mich zur Ruh´. Tanzen kann wehtun, bereitet mir Schmerz. Und Tanzen ist Vielfalt, ist unvorhersehbar. Vor allem ist kein Tanz so wie der andere. Er kann einem Tanzstil zugeordnet werden. Ich tanze allein, ich tanze mit Partner, ich tanze in Gruppen. Mal hüpf ich in die Luft, mal fall ich zu Boden. Das und vieles mehr.

Auch ist nicht jeder Kampf so wie der andere. Er kann einer Kampfsportart zugeordnet werden. Ich kämpfe gegen mich selbst, gegen einen Gegner oder gegen eine Gruppe. Mal spring ich in die Luft, mal lieg ich am Boden. Wieso also tanze ich und kämpfe nicht? Weil mein Leben mehr ist als ein Überlebenskampf.

Ich mag kämpfen müssen für Existenz, aber ich tanze für ein lebenswertes Leben, das mehr ist als Existenz. Mein Leben ist assoziiert mit Freiheit in meinem Kopf, mit Leichtigkeit und Glückseligkeit. Nicht dauerhaft, dieses Glück hat kaum einer. Doch in den Zeiten, in denen ich selbst bestimmen kann, ganz egal, wie oft und wie lang das ist, möchte ich tanzen. Kämpfen tue ich, wenn ich es muss, aber

mein Leben bleibt ein Tanz.

Das ist nichts weiter als das Festlegen einer Bezeichnung für etwas, doch ein erster guter Schritt in Richtung einer positiven Lebensweise. Ein Schritt in Richtung Leichtigkeit, denn die brauchen wir so sehr.

Stell dir vor, es gibt
das Leben und
dein Leben.
Sie müssen sich nicht immer überschneiden.

Es ist in Ordnung, manchmal
dein Leben zurückzustellen,
um dem Leben gerecht zu werden.
Genauso aber ist es in Ordnung,
das Leben zurückzustellen,
um dir dein Leben zu erfüllen.

Zeit ist kostbar.

Und sie kommt niemals zurück.

Menschen eilen trotzdem.

Und verbleiben erwartungsvoll, dennoch

tatenlos, mit ihren Träumen und Wünschen.

Das verstehe ich nicht.

»No rush.«

Das habe ich nicht nur in meinen sozialen Medien stehen, sondern nenne ich auch tatsächlich, im wahren Leben, mein Lebensmotto. Oder, vielleicht sagen wir lieber Lebensziel, oder noch besser, die erste Priorität meines Lebens. Und trotzdem erwische ich mich oft, zu oft, dabei, dem Stress zu verfallen. Stress muss nicht immer negativ sein, ganz im Gegenteil. Er fordert mich, bringt meine Leistungsfähigkeit an ihr Maximum und motiviert mich. Aber leider passiert es mir zu häufig, dass ich es nicht schaffe, zu differenzieren und rechtzeitig einen Gang zurückzuschalten. Und ich weiß, dass es vielen heutzutage so ergeht. Das ist schade. Was ich aber noch viel trauriger finde, ist, dass es offensichtlich dazugehört. Neulich sitze ich in einer meiner Vorlesungen und höre den Vortragenden sagen: »Stress lindern ist doch sarkastisch.« Stress gehöre dazu in unserem Berufsfeld, in der heutigen Zeit. Ich habe mir das Zitat aufgeschrieben. Ein »Haha!« steht dahinter. Für eine Sekunde, vielleicht auch zwei, habe ich die Wahl meines

Berufes angezweifelt. Schnell bin ich dann aber zu der Erkenntnis gekommen, dass es eine Einstellung ist, eine Lebenseinstellung, die dieser Mensch verfolgt. Es ist Blödsinn zu behaupten, Stress lindern sei eine sarkastische Art der Prävention.

Keine Eile. Es gibt keinen Grund zur Eile. Denn niemand schreibt mir vor, wann ich wo gewesen sein, wann ich was erreicht haben muss oder wann ich wie lebe. Außer mir selbst. Beeinflusst von dem, was als Normalität angesehen wird, klar, Durchschnittswerte, die mich unter Druck setzen. Aber letztendlich eilen wir selbst. Und ich tue das nicht.

Ich eile nicht meiner Karriere nach.

Ich eile nicht in der Liebe.

Ich eile nicht meinem Wohlbefinden hinterher.

Zeit eilt auch nicht. Sie ist immer gleich gewesen und wird immer gleich sein. Wie ich meine Zeit fülle, entscheide nur ich. Das ist ein tolles Gefühl. Denn nur so komme ich nie an den Punkt, zu sagen, dass ich sie mir zurückwünsche.

Wünsche gehören an die Zukunft gerichtet, nicht an die Vergangenheit. Das ist ein kleiner, aber bedeutender Unterschied.
Denk mal darüber nach.

Innerer Friede
erwacht in Vollständigkeit.
Vollständiger Akzeptanz.

Ich habe gehört, ich brauche dich.
Brauche dich zum Leben in Zufriedenheit. Du
machst mich stark, gar unbesiegbar. Du
verzeihst mir Fehler, du akzeptierst mich, wie
ich bin.
Platze ich vor Wut,
machst du, dass ich schreie.
Zerreißt mich die Trauer,
machst du, dass ich weine.
Erfüllt mich die Freude,
machst du, dass ich lache vor Glück.
Innerer Friede, nie mehr möchte ich ohne dich.
Alles scheint einfacher zu sein.

Wann aber erwacht der Friede in mir?
Er schlummert und erwacht in dem Moment,
in dem du dich dafür entscheidest, jeden
einzelnen Teil von dir wahrzunehmen und
anzunehmen. Das bedeutet nicht, dass du
nicht wandelst, bewusst sowie unbewusst.
Aber es bedeutet, dass du aufhörst, Teilstücke
abzuwehren, die dich erst zu dem machen,
wer du bist. Positiv wie negativ.
Ein unvollständiges Puzzle ist doch jedem ein
Dorn im Auge, ganz egal, welches Puzzleteil

fehlt. Sobald eines fehlt, sieht es unvollständig aus. Eine Mauer, der ein Stein fehlt, ob sie noch stabil ist, ich wage es in Frage zu stellen. Und noch so viel mehr Beispiele könnte ich aufzählen, aber du weißt, was ich meine.

Was außerdem hinzukommt ist, dass du diese Teile deiner Persönlichkeit nicht einfach so verändern kannst, weil sie dir nicht gefallen. Um noch mal auf das Puzzle zurückzukommen. Stell dir vor, du nimmst dir eines der vielen Puzzleteile und veränderst dessen Form. Nun lässt sich das gesamte Puzzle nicht mehr vervollständigen. Es ist unvollständig. Strebe ich also inneren Frieden an, so ziele ich nicht darauf ab, Teile meiner Persönlichkeit zu verändern, denn genau das widerspricht meinem Ziel der vollständigen Akzeptanz.

Eine starke Persönlichkeit ist nicht definiert durch bestimmte, sondern durch die Vollständigkeit der ihr gegebenen Eigenschaften. Wir sind alle anders, und eine, als schwach betitelte, Eigenschaft, kann zusammen mit einer anderen der Schlüssel zu wahrhaftiger Stärke sein. Wer das abstreitet, liegt falsch.

Freiheit bedeutet Glück.

Und Freiheit beginnt im Kopf.

Freie Gedanken,

freie Emotionen,

frei von jeglichen Erwartungen sein.

Eine Entscheidung. Jeder kann sie treffen.

Ein faires Spiel.

Sie sagten mir, ich solle glücklich werden.
Alles, was zähle, sei glücklich zu sein. Und ich
spüre, sie meinen es genau so und nicht
anders. Sie stellen das Glück ihrer Kinder an
erste Stelle. Sie unterstützen den Weg zum
Glück ihrer Kinder. Sie nehmen teil an diesem
Weg, egal, wie er aussieht.

Ist vielleicht genau das der größte
Liebesbeweis?
Da zu sein für einen freien Menschen.
Einen Menschen, dem ich volle Freiheit
schenke.

Du bist eine starke Frau.

Was ist das schönste Kompliment, das du je
bekommen hast?
Schreib es auf:

In the end
everything turns out great.

- Am Ende wird alles gut. –

Wir kürten es zum Motto unserer kleinen Weltreise. Meine beste Freundin und ich. Nicht nur sind wir mehr zusammengewachsen mit jeder Sekunde unserer gemeinsamen Reise, sondern wir sind individuell über uns hinausgewachsen. Haben uns gegenseitig unterstützt, haben uns begleitet, haben voneinander gelernt. Dass ich Momente mit ihr geteilt habe, hat jeden einzelnen davon unbezahlbar gemacht. Ich trage diese Zeiten ganz fest in meinem Herzen und es ist so wunderschön zu wissen, dass mir das keiner nehmen kann.

»Was würdest du der ganzen Welt sagen, wenn du die Möglichkeit dazu hättest?« Die Frage ist bekannt. Und ich habe endlich meine Antwort darauf gefunden. Sie lautet: »Schickt die jungen Menschen auf Reisen! Geht auf Reisen!« Wie schön es doch ist, dass unsere Welt heute so vernetzt ist, so vermischt. Alle leben überall. Alle sehen alles. Ob virtuell oder real, es ist das Zeitalter der globalisierten Welt. Und trotzdem schrecken junge Menschen davor zurück, wahrhaftig zu

erleben, was da draußen ist. Noch besser, ihre
Eltern. Da läuft mir ein Schauer über den
Rücken. Raus mit den jungen Menschen. Mit
allen Menschen. Ganz egal, wie weit, wohin,
wie genau. Reisen bedeutet nicht: unendlich
lang, unendlich teuer.
Reisen steht für Weltoffenheit.
Für Weitsichtigkeit. Für Realität.
Und nicht nur das. Reisen repräsentiert
zudem das Verlassen der eigenen
Komfortzone. Das einem bekannte Umfeld zu
verlassen, scheint eine Riesenhürde zu sein.
Das ist verankert, weit in der Vergangenheit.

Menschen schreien nach Freiheit.
Menschen reden vom Erleben wollen.
Menschen denken in ihren vier Wänden.
Merkst du, dass da etwas nicht stimmen
kann?

Die Frage nach dem »schönsten Moment unserer Reise« wurde oft gestellt. Lange darüber nachdenken musste ich nicht. Es war ein Abend, der nicht sonderlich spektakulär war, jedoch hat er mich sehr berührt, und ich kann gar nicht genau sagen, wieso. Wir waren angekommen in unserem Hostel in Seminyak in Bali. Der Innenhof hatte einen Pool, Lichterketten waren darüber gespannt, Stühle, Sitzkissen, Pflanzen. An diesem Abend wurde musiziert. Da waren zwei Männer, einer spielte Gitarre, der andere sang. Ein Balinese mit langen schwarzen Haaren. Sie spielten »3WW« von alt-J. Wunderschön. Jedes Mal, wenn er die tiefen Töne spielte, bekam ich eine Gänsehaut.
Dieser Abend hat mich glücklich gemacht, auf eine besondere Art und Weise.

Vielleicht war es das erste Mal, der erste Moment, in welchem ich realisiert habe, wie simpel Glückseligkeit doch ist. Wie wenig es braucht, um dieses einzigartige Gefühl auszulösen. Und doch ist es so tückisch herauszufinden, wie es funktioniert.

Vielleicht hat dieser Moment meine Neugier nach wahrer Glückseligkeit geweckt. Ein Gefühl, das süchtig macht, das das große Geschehen unbedeutender werden lässt. Ich wollte mehr darüber wissen.

Aber schon hier war ich mir sicher, dass dieses Buch, in welches ich mich vertiefen mag, keine letzte Seite hat.

Danke, dass ich leben darf.

Eine Methode, die mir immer wieder begegnet, ist das tägliche Aufschreiben von Dingen, für die ich dankbar bin. Dankbar am heutigen Tag. »Ich bin dankbar dafür, dass mich die Sonne geweckt hat.« »Ich bin dankbar dafür, dass ich mich gut und fit fühle.« »Ich bin dankbar dafür, dass Mama mir einen frischen Kaffee zubereitet hat.« Eine Zeit lang habe ich das ausprobiert und gemerkt, dass ich, wenn sich Dinge anfingen zu doppeln, versucht habe, andere Dankbarkeiten aufzuschreiben. Mein Fokus hatte sich verschoben, von den Dingen, für die ich ehrliche Dankbarkeit verspürt habe, zu Dingen, für die ich dankbar sein kann, und deshalb schreibe ich sie auf. Einerseits ist das super, denn so wird mir bewusst, wie viel doch geschieht in meinem Leben, für das ich dankbar sein kann. Doch es hat mich müde gemacht. Das ist meine Erfahrung, deshalb habe ich damit aufgehört. Trotzdem aber unterstütze ich das Bewusstmachen von Dankbarkeit sehr und möchte es beibehalten. So habe ich überlegt und überlegt und etwas gefunden, was all das, was ich zuvor aufgeschrieben hatte, zusammenfasst.

Danke, dass ich leben darf.

Ich bin dankbar dafür, dass ich mein Leben erleben darf, Tag für Tag, mit allem, was dazugehört. Besondere Ereignisse, Tiefschläge, die ich meistere, und jede einzelne Sekunde, auch wenn sie im Vergleich unbedeutend scheint. Dieser Satz hat sich so sehr in meinem Kopf verankert, dass kleinste Dinge eine große Bedeutung bekommen. Vielleicht sogar eine größere als manch einschlagendes Lebensereignis.

Auch Zeit hat eine neue Bedeutsamkeit bekommen. Genauso das Verschwenden von Zeit. Das Vertiefen in belanglose Gespräche, Streitigkeiten, Diskussionen. Belanglos, weil sie nicht zielführend sind. Noch viel belangloser, wenn sie mir die Laune verderben.

Eine jede verschwendete Sekunde ist gleichzusetzen mit einem Geschenk, das ich nicht wertschätze.
Wir haben das Leben geschenkt bekommen. Geschenkt. Mussten nie etwas dafür zurückgeben. Ist das nicht verrückt?
Und reagiert nicht ein jeder auf ein Geschenk mit einem Dankeschön?

Der einzige Konsum, der mir bleibt,
ist der Konsum meiner Lebenszeit.

Beim Stöbern durch mein Notizbuch habe ich diesen Satz entdeckt. Und er passt gut zu dem, was ich heute meinen Eltern erzählt habe, gemütlich im Garten. Ich habe erzählt davon, dass ich die Phasen meines Lebens passieren lasse. Ich ziehe nicht aus, weil ich »das Studentenleben« abgehakt haben muss. Abhaken ist ein unangemessener Ausdruck in diesem Zusammenhang. Zusammenhang Leben. Leben bedeutet nicht Abhaken. Reisen an einen Ort, damit es abgehakt ist. Die USA, die muss man doch gesehen haben als Reisende. Nein. Ausgezogen sein als Studentin, das muss man doch durchlebt haben. Nein. Leben ist das Individuellste, was es gibt. Keines ist wie das andere. Wie also kommen wir auf die Idee, es gäbe Phasen oder Erlebnisse, die dazugehören müssen.
Stell dir vor, du gibst jeder Phase deines Lebens eine Chance. Hemmst sie nicht. Bremst sie nicht, weil doch jetzt gerade etwas anderes passieren müsste. So sei das doch bei allen. Es geht nicht darum, Lebensabschnitte abzuhaken.

Es geht darum, den Abschnitten deines Lebens Raum zu geben. Und wenn du das erstmal getan hast, so füllt sich dieser Raum von ganz allein. Viel schöner, als du es dir jemals selbst hättest vorstellen können.

Wir leben nicht in einem Proberaum.
Unser Leben ist die große Bühne.
Unsere Bühne. Unser Stück.
Einmalig und einzigartig.
Und Proben gibt es hier nicht.

Ein Moment
beschreibt einen Zeitpunkt,
den ich genau einmalig
mit Leben füllen kann.
Und wir haben so viele davon,
doch jeden nur
ein einziges Mal.

Eine stolze Weltreisende.

Ich bereise die Welt,
weil es mich mit Glück erfüllt.
Ich bereise die Welt,
weil ich die Möglichkeit dazu habe.
Ich bereise die Welt,
weil das Reisen mich lehrt.
Ich bereise die Welt,
weil es mich zu der Frau macht,
die ich heut' bin.
Ich bereise die Welt,
weil ich mich fordern mag.
Ich bereise die Welt und
trage ein Lächeln im Gesicht.

Schön, dass es dich gibt.

Schnell gesagt, zu selten ehrlich gemeint. Diese Aussage ist extrem. Lass sie uns übertragen auf eine Situation, die ich schon oft erlebt habe, und ich übe mich darin, diese für mich richtig handzuhaben. Es gibt da diese Menschen, denen begegne ich und spüre recht schnell, dass sie nicht auf der Welle schwimmen, auf der ich mich befinde. Ein ungutes Gefühl bauscht sich in mir auf, ich fühle mich unwohl. Damit verurteile ich mein Gegenüber nicht, wie auch. Aber ich möchte auch keine Zeit zusammen verbringen. Ich kenne diesen Menschen nicht, doch ich möchte ihn auch nicht kennenlernen. Also verbringe ich keine gemeinsame Zeit. Ein einfaches: »Hab eine gute Zeit! Ich setze mich woanders hin« beispielsweise bewahrt mich davor, meinem Gegenüber etwas vorspielen zu müssen. Aber es macht uns Angst.

Wir schrecken vor dieser angeblich vorschnellen Aussage zurück. Menschen könnten unser Verhalten als arrogant, überstürzt oder verschlossen abstempeln.

Quatsch.

Schritt für Schritt.

Ich muss mir mehr Zeit lassen für die Dinge,
die ich tue.

In Ruhe, ohne Hektik.

Wenn ich hetze, dann aber Pausen einlege, die
mir keinen Mehrwert bringen, dann schaffe
ich weniger, als wenn ich es langsam tue, aber
dafür konsequent undkontinuierlich.

Mit gezielten Pausen, in denen ich
neue Kraft schöpfe.

Ein Bauchgefühl haben wir immer,
darauf hören tun wir kaum.

Sag mir wieso.

Gerne hätte ich hier eine Lösung für dieses Problem stehen, doch ich habe darüber nachgedacht und keine plausible Erklärung finden können. Es ergibt Sinn für mich, dass unsere Entscheidungen beeinflusst sind von äußeren Einflüssen, gesellschaftlichen Normen, Erwartungen und Vernunft, doch all das stellt der Großteil der Menschen über das eigene Bauchgefühl. Und das scheint mir nicht verhältnismäßig. Denn ein Bauchgefühl spiegelt unser Unterbewusstsein wider, spiegelt wider, was wir uns ehrlich wünschen, wonach wir uns sehnen, was uns wohlempfinden lässt. Ohne dabei Rücksicht auf oben genanntes zu nehmen. Es vergleicht nicht, bevor es entsteht, es misst nicht seine Wertig- oder Richtigkeit. Unsere Augen werden betitelt als der Spiegel der Seele. Ich möchte unser Bauchgefühl betiteln als den Spiegel tiefer Sehnsüchte. Alles, was wir tun müssen ist, in diesen Spiegel sehen und darauf vertrauen, dass er uns genau das zeigt, was in uns geschieht, ohne es zu verzerren, zu verfälschen oder zu verdrängen.

Ein Spiegelbild zeigt mir den Teil der Realität, den ich sonst nicht sehen kann, von meiner Perspektive aus. Unser Gehirn aber verarbeitet, verändert stetig, modelliert.

Liebling.
Modelliere nicht,
bevor du in den Spiegel geschaut hast.

Erwartungen sind einfach.

Entweder ich habe sie, oder jemand hat sie an mich. Erwartungen. Er glaubte mir, als ich ihm sagte, dass ich eine unkomplizierte Frau bin. Er wusste es. Er hatte mich kennengelernt. Er hatte erlebt, wie unkompliziert ich bin. Dass ich keine Erwartungen habe, war für ihn aber nicht mehr glaubwürdig. Das könne doch nicht sein. Wie kann es sein, dass jemand keine Erwartungen hat. Ich habe die Wahrheit gesagt. Lass mich dir erzählen von dieser Stärke, die ich mit mir trage.

Keine Erwartungen zu haben hört sich zunächst so an, als sei mir alles egal. Als hätte ich viel Enttäuschung erfahren, wenn Erwartungen nicht erfüllt wurden. Als hätte ich mich stets unter Druck gesetzt gefühlt, weil etwas von mir erwartet wurde. Ich habe reflektiert. Und so ist es nicht. Doch mir ist klar geworden, dass ein Mensch, der mich wertschätzt, der mich respektiert, der sich für mich entscheidet, keine Erwartungen meinerseits braucht. Ganz im Gegenteil, sie machen die Beziehung kaputt: Ich erwarte eine Nachricht am Morgen, ich erwarte mindestens ein Telefonat am Tag. Ich erwarte, dass ich mit Liebe überschüttet werde, nur dann sei sie echt. Blödsinn. Denn das warme Gefühl, das ich mir erhoffe oder das ich empfinde, wenn das eintritt, was ich erwarte, das kühlt ab, sobald ich mir bewusst mache, dass es sich dabei bloß um eine erfüllte Erwartung handelt. Stell dir vor, jemand gibt dir dieses warme Gefühl, ohne dass du es auch nur ein bisschen erwartet hast. Auf eine Art und Weise, die dir zuvor vielleicht noch nie begegnet ist. Er wollte den Unterschied von Erwartung und Hoffnung nicht wahrhaben. Ich hatte es mir anders erhofft, so meine Worte. Das ist nicht gleichzusetzen mit einer Erwartung. Hoffnung, dass ein warmes Gefühl in mir ausgelöst wird, weil du das möchtest. Hoffnung ist nicht Erwartung. Denn eine unerfüllte Erwartung äußert sich in Enttäuschung, Hoffnung bleibt.

Schränkt nicht ein, keineswegs, sie begleitet. Sie kann stärker sein, sie kann abschwächen, gar unbedeutend werden, aber sie ist wie eine Flamme, die niemals erlöscht.

Wenn sie ehrlich war.

Menschen erwarten Erwartungen.

Deshalb glauben sie mir nicht.

24 h.

24 h – 8 h Schlaf.

16 h.

Sechzehn Stunden Lebenszeit.

Tag für Tag.

Wir haben so viel Zeit.

Regentropfen,
die an die Fensterscheibe platschen.
Barfuß auf den Terrassensteinen,
aufgeheizt vom Sonnenschein.
Das liebe ich.

Ich erinnere mich, wie ich in meinem Zimmer saß und diese drei Sätze in mein Notizbuch geschrieben habe. An Regentagen sitze ich gern an meinem Fenster und lausche den Regentropfen, die auf die Scheibe treffen und eine Melodie ertönen lassen. An Sonnentagen sitze ich gern an meinem Fenster und trinke meinen morgendlichen Kaffee mit Sonnenschein im Gesicht, denn mein Fenster ist Richtung Osten ausgerichtet. Mittags dann stelle ich mich barfuß auf die aufgeheizte Terasse und spüre die Wärme, die von den Fußsohlen durch meinen gesamten Körper fließt.
Und das liebe ich.

Daheim sein ist wunderschön.
Ich hatte vergessen, wie schön es ist, daheim zu sein.

Ruhe ist schön.
Friedlich.
Gibt mir die Chance,
mich selbst zu verstehen.

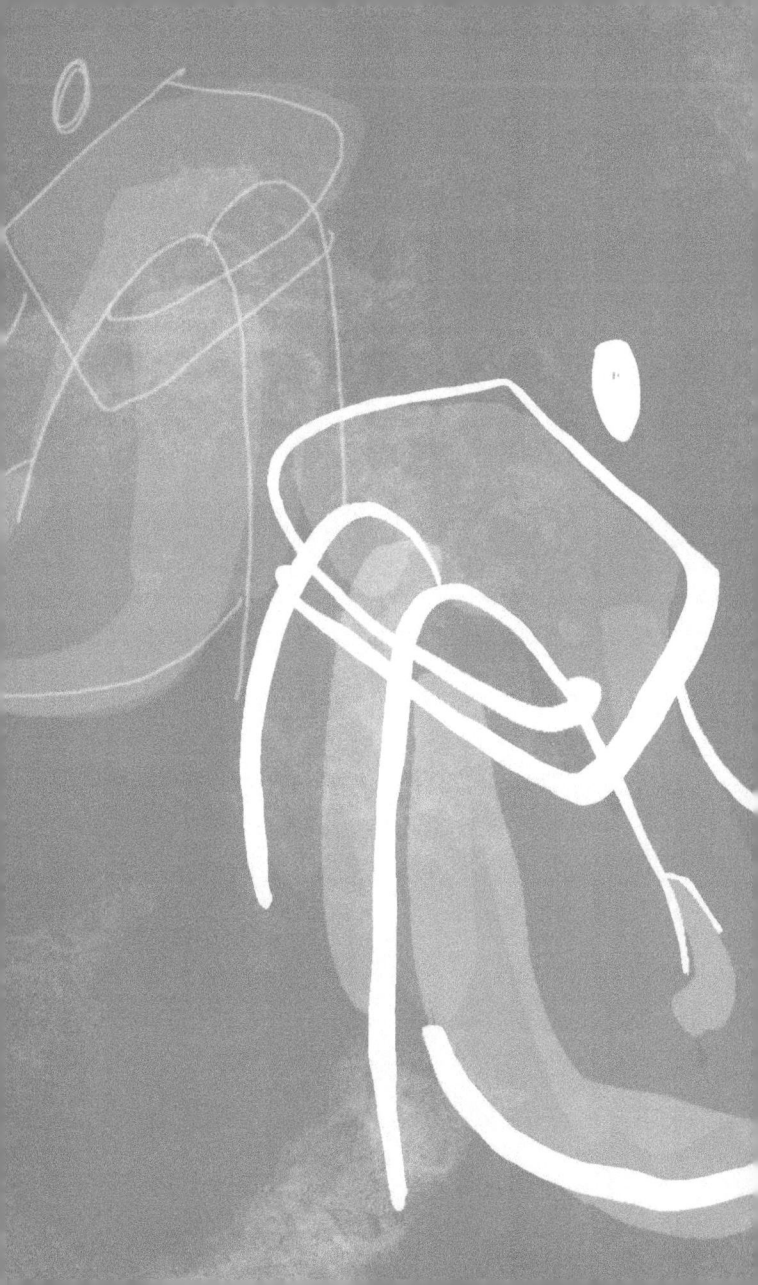

Frag nicht, wie das sein kann.

Aber es kommt so, wie du es dir wünschst.

Die letzte Klausur war geschafft. Vorerst. Wir beide sitzen auf den Wiesen am Campus. Unterhalten uns über Gott und die Welt, als sie plötzlich zu mir sagt: »Ich bewundere deine Art so sehr. Wie du es schaffst, dein Leben in Balance zu halten.«

Einer der schönsten Sätze, die mir jemals jemand gesagt hat. Auf dem Heimweg schwirrt dieser weiter in meinem Kopf umher. Ich möchte verstehen, wie ich das schaffe. Und finde Antwort in meinem Notizbuch.

Finde Antwort in den Worten, die du gerade eben gelesen hast. Das Vertrauen darin, dass es so kommen wird, wie ich es mir wünsche, habe ich so stark, dass ich all das loslasse, was mir den Weg dorthin erschwert. Weil ich weiß, dass sich dadurch das Ziel nicht ändert. Wo ich am Ende meines Weges ankomme, das suche ich mir nicht aus. Es ist verankert in ehrlichen Wünschen und Sehnsüchten, die ich mit mir trage. Vielleicht sind es welche, über die ich noch nie bewusst nachgedacht habe, trotzdem trage ich sie mit mir.

Den Weg, den kann ich mir aussuchen.

Eine Lebenseinstellung, die mich von den Zwängen befreit, stets beste Leistungen bringen zu wollen, stets die beste Version von mir selbst zu sein, stets vernünftig zu sein. **Ich habe die Macht, meinen Weg zu gestalten, und das mit dem Wissen, das Ziel nicht zu verfehlen.** Denn wenn die Sehnsucht danach ehrlich ist, mehr als eine Träumerei, als ein schöner Gedanke, dann passiert es.

Dieses Vertrauen schafft Balance.

Vieles verdient meine Aufmerksamkeit.
Genauso viel davon verdiene ich.

Tatsächlich ist das hier die allerletzte Seite meines Buches, die ich mit Worten fülle. Es ist die Seite, die bis zum Schluss leer geblieben ist. Und das aus zwei Gründen.

Erstens bedeutet mir diese Aussage sehr viel, sie beschreibt mich, sie beschreibt genau das, was ich mir selber beibringen musste. Und zweitens fällt es mir unendlich schwer, passende Worte zu finden. Wenn ich diese beiden Sätze lese, fühle ich so viel, doch in Worte fassen scheint wie unmöglich.

Deshalb belasse ich es dabei.

Erst vergeben.
Dann loslassen.
Und schließlich danken.

Ho'oponopono.

So lautet ein hawaiianisches Vergebungsritual, auf welches ich aufmerksam geworden bin, bevor ich meine Reise dorthin angetreten habe. Dabei wird davon ausgegangen, dass wir Menschen miteinander verbunden sind, und es soll dabei helfen, Konflikte aus der gemeinsamen Welt zu schaffen. Die vier Phasen dieses Rituals erinnerten mich stark an das, was ich eines Tages in mein Notizbuch geschrieben hatte, deshalb möchte ich es an dieser Stelle erwähnen. Lies doch gerne mehr darüber, ich habe es fest in mein Leben integriert. Meine Gedanken damals hatten ihren Ursprung in der Erkenntnis, dass Loslassen die Grundlage ist für das Empfangen wahren Glücks. Loslassen bedeutet nicht Wegwerfen. Es bedeutet nicht, dass ich Dingen, Menschen oder Tätigkeiten ihre Bedeutung nehme, sondern, dass sie nicht mehr kompatibel sind mit meinem aktuellen Lebensabschnitt, meinem persönlichen Entwicklungsstand. Mit Sicherheit haben sie dazu beigetragen, wer ich heute bin und wo ich stehe, aber nicht alles muss bleiben, nicht alles bleibt für immer relevant, tut uns stets gut.

Doch ich lasse es nicht los, bevor ich vergeben habe, falls es mir Kummer bereitet hat, und niemals vergesse ich zu danken für den Mehrwert, den ich erhalten durfte.

Nicht anders funktioniert das mit mir selbst. Mache ich einen Fehler, ärgere ich mich über mein eigenes Verhalten, so bestrafe ich mich nicht dafür. Wieso bestrafe ich einen Menschen für etwas, was nie darauf abgezielt hat, in Zukunft einmal Schmerz zu bereiten. **Ich vergebe mir mit dem Wissen, dass mein vergangenes Ich nicht mehr das heutige ist.** Heute habe ich aus diesem Fehler gelernt, deshalb vergebe ich mir. Zudem danke ich mir dafür, dass ich aus diesem Fehler lernen durfte. Hätte ich ihn gestern nicht gemacht, so hätte ich ihn morgen nicht verhindern können. Es ist vergangen, es ist am heutigen Tag nicht mehr relevant, deshalb lasse ich es los.

Gelerntes trage ich mit,
Geschehenes lasse ich hinter mir.

Was ist Heilung,
wenn nicht Glückseligkeit?

Heilung. Ein großes Thema für mich, seit ich lange Zeit für die Genesung meines Rückens gekämpft habe. Heute habe ich gelernt, dass geheilt sein nicht bedeutet, ausschließlich wieder einwandfrei Bewegungen ausführen zu können, wieder ein gesundes Gewicht zu haben, wieder mal eine Wunde vollständig verschlossen zu haben. Heilung ist mehr als das. Ist Krankheit, eine Verletzung oder ein bedrohlicher Zustand überstanden, so haben wir uns davon erholt. Doch geheilt sind wir dadurch nicht. Medikamente werden verschrieben, Übungen werden durchgeführt, Präventionen werden verordnet, mit dem Wissen, dass sie wirken. Sie folgen einem Muster, sie lassen sich weitestgehend verallgemeinern. Heilung tut das nicht. Leider hat Heilung keine Anleitung. Das ist einerseits sehr schön, denn es bedeutet, dass sie individuell ist. Andererseits macht es den Weg der Heilung nicht unbedingt leicht. Zuvor habe ich davon geschrieben, dass das Leben das Individuellste ist, was es gibt, genauso ist Heilung.

Sie ist Teil deines Lebens, deshalb.

Von jeder Sekunde, die wir auf dieser Erde
erleben, müssen wir heilen. Zu viele
Versprechen gibt es von Menschen und
Methoden, die uns prophezeien zu heilen,
oder bald geheilt zu sein.
Das ist Unsinn.
Denn Heilung ist ein Weg,
der niemals endet.

Heilung beginnt im Kopf.
Dann folgt sie meinem Herzen.
Und wenn jeder Schritt, von dem ich glaube,
ihr ein Stück näher zu kommen,
Glückseligkeit in mir auslöst, dann bin ich
geheilt.

Es gibt niemanden, den ich so sehr liebe wie dich. Ich kann mir nicht vorstellen, jemals jemanden so zu lieben, wie ich dich. Es ist mehr als Liebe. Du bist
mein wertvollster Schatz.

Mama hat mir meine beste Freundin geschenkt. Freundschaften sind großartig, vertraut, unersetzbar. Aber vergleichbar mit einer Schwester oder einem Bruder, das sind sie nicht. Das Maß an Verständnis füreinander ist beispiellos.

Geschwister sind verbunden, bevor sie sich überhaupt kennengelernt haben.

Sie schenken sich Liebe, bevor sie überhaupt wissen, was Liebe eigentlich ist. Sie verzeihen einander, weil sie zusammengehören.

Sie mussten sich nie füreinander entscheiden, sie sind einfach füreinander da.

Hochsensibilität.

Ein Geschenk, das ich bis heute verpackt lasse.
Weil das kaum einer versteht. Und das ist in
Ordnung, sie können vielleicht gar nicht
verstehen. Und das ist okay.

Wie schade es doch sei, dass ich schon wieder nicht dabei bin. Ignoriert sie uns, oder ist sie versunken in ihre Gedankenwelt, fragen sie sich. Immer so gereizt, sie solle lernen, sich zu beherrschen, appellieren sie.

Stell dir vor, du hast einen Topf. Er füllt sich mit Wasser. Jeder Mensch, den du triffst, jeder Moment, den du erlebst und jeder Reiz, den du wahrnimmst, füllt den Topf mit Wasser. Ist er voll, so schnappst du dir den Deckel, packst ihn auf den Topf, trägst ihn zur Spüle und entleerst ihn. So kehrst du zurück mit einem leeren Topf und wartest nur darauf, dass er sich wieder füllt. Nun stell dir vor, auch ich habe diesen Topf. Doch leider ohne Deckel. So füllt sich der Topf ganz wie gehabt. Doch möchte ich ihn zur Spüle tragen, so passiert folgendes:
*Das Wasser, das schwappt über.
*Der Topf, der wird stets weiter befüllt.
So muss ich nicht bloß nur den Topf in der Spüle leeren, sondern auch gleich den Boden trocknen.

Welche Möglichkeit also bleibt, zu verhindern,
dass ich meine Küche unter Wasser setze?
Ich lasse meinen Topf in der Spüle stehen.
Trockne meinen Boden gründlich. Starte erst
dann wieder von vorn.

Ermögliche mir Pausen, sonst laufe ich über.
Gib mir Zeit, ohne eine Erklärung zu fordern.
Ich muss doch bloß den Boden trocknen.

Nur derjenige,
der in Zufriedenheit lebt,
ist in der Lage, nichts zu tun.

Um diese Aussage zu verstehen, möchte ich dir zunächst erzählen, was ich denn mit »Nichtstun« meine. Auf dem Sofa liegen und an die Wand starren ist eine Art des Nichtstuns. Ich beschreibe diese Momente allerdings lieber mit den Worten Pausieren, Aussetzen oder Leerlauf. Es sind Momente, die aus Langeweile entstehen, aus Erschöpfung. Das Nichtstun, welches ich beschreibe, ist jedoch eines, das unbewusst geschieht. Es ist eine Lebensweise. Das ist nicht gleichzusetzen mit faulenzen.

Es ist ein Maß an Zufriedenheit, das so hoch ist, dass es gleichgültig ist, wie viel an einem Tag geschafft, wie viel bereits erreicht wurde, wie hoch das persönliche Leistungsniveau ist.

Ich schrieb diesen Gedanken auf, als ich mit einem wundervollen Menschen in São Juliao saß. Ich saß auf dem Boden, er saß in seinem Van, bastelte mal wieder etwas einzigartig Schönes aus einem Stück Treibholz.

Er trug eine Ruhe und Zufriedenheit mit sich, die mich von Beginn an fasziniert hatte. Er spiegelte genau das wider. Nichtstun beschränkt sich nicht darauf, nichts physisch oder mental Anspruchsvolles zu tun, es beschreibt viel mehr ein warmes Gefühl der Zufriedenheit, welches nicht an eine Leistung gebunden ist.

Gleiches gilt für die Fähigkeit, still zu sein. Leise sein, einfach mal nicht sprechen. Das ist nicht komisch, das ist ein Ausdruck von Zufriedenheit. Beieinandersitzen und still sein ist eine große Kunst. Ich lerne sie noch.

still.

Ich bin eine großartige Freundin.

Beweisen muss ich das nicht.

Schätz es oder lass es.

Das ist gesundes Selbstbewusstsein.

In ein Gebüsch hineinschauen,
das können wir kaum.
Aus einem herausschauen, wiederum,
das ist kein Problem.

Lass mich dir eine Geschichte erzählen.

Es war einmal ein altes schwaches Tigerlein.
Ein Leben lang hat es Gutes getan. Hat sein
erbeutetes Mahl geteilt, hat stets Klein und
Groß vor Gefahr gewarnt und niemals auch
nur ein schlechtes Wort über Freund oder
Feind verlorn. Doch eines Tages beschloss das
alte Tigerlein zu gehen, denn es wollte nun in
Ruhe sein. Wollte nicht, dass sie es leiden
sehen, wollte sterben ganz für sich allein. Also
legte es sich dort in ein Gebüsch. Nicht weit
entfernt, doch versteckt und ganz geheim. Lag
friedlich und in Seelenruh, schaute den lieben
langen Tag all seinen Freunden zu. Nicht viel
Zeit war vergangen, bis es bemerkte, dass sie
die Überreste ihrer Mahlzeiten in seinem
Gebüsch entsorgten. Sie feierten gleich
nebenan, die liebe lange Nacht. Und
schließlich auch damit begannen, des
schwachen alten Tigerleins Zuhause dem
Erdboden gleichzumachen. Nicht aus diesen
Gründen, doch weil es der Lauf des Lebens
war, schlief es diesen Morgen ein. Hatte nie
um Ruh' gebeten, hatte Ruh' gefunden in dem

Wissen, dass seine Freunde doch gar nicht wussten. Sie hätten vielleicht anders getan, doch das Tigerlein wollte nicht riskieren, dass sie sich trotz Bitte weiter amüsieren. Es beobachtet nun von oben weiter seine geliebten Wegbegleiter.

Diese Geschichte habe ich mir ausgedacht, um zu verbildlichen, wie viel in uns Menschen vorgeht und wie wenig davon wir nach außen tragen.

Das alte Tigerlein, das sich dort im Gebüsch verkriecht, es beobachtet, nimmt wahr, doch es bleibt still. Liegt dort den lieben langen Tag und beurteilt alles, was es von dort aus beobachten kann. Gefällt ihm, was es sieht, was es hört, oder nicht? Wir beurteilen ständig. Und das ist ganz normal und gut so. Ich entscheide, ob mir etwas gefällt oder nicht, ob ich es mit mir trage oder ausspreche. Sagen, was sich das Tigerlein doch eigentlich so sehr wünscht, das tut es nicht. Es ist nicht wichtig, aus welcher Intention heraus Menschen Gedanken und Gefühle nicht aussprechen, denn richtig ist es nie. Etwas in sich hineinfressen ist, wie einen Parasiten in sich zu tragen, in dem Glauben, man hätte einen guten Deal mit ihm ausgemacht. Kaputtmachen wird er dich trotzdem. Einen Parasiten interessiert ein gemachter Deal nicht. Ein jede Last, die ich mit mir trage, stapelt sich auf die vorherige und früher oder später breche ich darunter zusammen. All seine Freunde, die dort draußen weiter ihr Leben leben und in Richtung des Gebüsches schauen, die sehen nichts. Sie haben keine Ahnung, was da geschieht in dem Gebüsch. Sie wollten dem kleinen Tigerlein nie Schaden tun.

Wer nicht weiß,
kann doch meist nur Falsches tun.

Authentisch sein
bedeutet, solidarisch mit mir selbst zu sein.

Authentizität bedeutet nicht, affektiert anders zu sein, sondern Ich zu sein, unabhängig davon, wie mein Umfeld aussieht, wo ich mich befinde oder wie ich mich darstellen zu versuche. Es bedeutet nicht, sich nicht anpassen zu können. Authentizität bringt stets ein gewisses Spektrum mit sich. Es gibt Situationen, in denen habe ich mich anzupassen, zumindest in einem gewissen Rahmen. Aber wieso sage ich das überhaupt, das ist selbstverständlich.

**Authentisch sein
eröffnet mir ein neues Maß an Kraft, da ich
sie nicht mehr dafür verschwende zu
versuchen, das zu unterdrücken, was mich
ausmacht.**

Ein herrliches Bild ist es gewesen. Wir gingen Essen in seiner Mittagspause.
Dementsprechend betrat er das Lokal in seiner Arbeitskleidung, sprich im Anzug und mit dem Aktenkoffer in der Hand. Ich, die nicht von der Arbeit kam, war dagegen gekleidet wie ich eben gekleidet bin, wie genau, ist nicht wichtig, aber Bleistiftrock und Bluse sind es jedenfalls nicht gewesen. Wir traten vor die Glastür und den Moment hätte ich gerne eingefroren. Alle Köpfe drehen sich zu uns und gucken, als hätten sie gerade einen Geist gesehen. Und ja, keine Frage, ich bin aus dem Rahmen gesprungen. Und es war natürlich absolut kein Problem. Es war bloß anders. Die goldigen Gesichter haben sich mir eingeprägt.

Ich liebe es, wie verschieden wir doch sind. Und noch viel mehr liebe ich, dass wir trotzdem alle beisammen sind.

oben ohne.

Makel sind wunderschön.

Mein Beileid an all die, die keine davon haben.

Ach, warte, die gibt es ja gar nicht.

Puh. Glück gehabt.

Angebliche Makel sind genau das, was dich abhebt von all dem *angeblich* Schönen, das *angeblich* perfekte Menschen mitbringen.

Einmal wurde mir gesagt, ich sei komisch. Mein Gesichtsausdruck - verdutzt. Darauf sagte er, dass das doch ein wunderbares Kompliment sei, wie langweilig es doch wäre, so zu sein wie alle. Ich schmunzelte.

Akzeptieren,
ohne in Frage zu stellen.

Der Winter schlägt mich nieder.

Die ständige Dunkelheit bedrückt mich. Ich sollte diese Zeit dort verbringen, wo es mir gut geht. Gesagt, getan. Einen Entschluss gefasst. Den Bus gepackt. Losgefahren.

Ziel: Portugal. Aber ziellos im Kopf.

Ob es ein Versuch war, wegzulaufen? Mag sein. Letztendlich entpuppt hat es sich allerdings als mehr als das. Viel mehr. Hier in Portugal zu sein, hat mich so viel gelehrt.

Begegnungen haben mir die Augen geöffnet.

Land und Leute haben mir gezeigt, wie erfüllt unser Leben ist.

Simpel, und doch so unbezahlbar.

Unbezahlbar, weil es so simpel ist.

Ich fühle mich bestärkt, ermutigt, mein Leben so zu gestalten, wie ich das möchte.

Verurteilung hier ist vergebens. Es stellt niemand in Frage, wieso ich in meinem Alter dies oder das tue, es drängelt keiner.

Akzeptiert sein und das ab der ersten Sekunde. Menschen, die reisen, ganz egal wie, wo und wie viel, teilen diese Eigenschaft.

Meine Entscheidungen, mein Leben, kann ich in Frage stellen. Wenn ich unzufrieden bin, kann ich um Rat und Unterstützung bitten.

Aber das Leben anderer habe ich nicht
in Frage zu stellen.
Ganz einfach.
Darf ich nicht.

Intuitionen
basieren nicht auf Klugheit.

Ich lebe nicht verschwenderisch. Niemals.
Auch investiere ich nicht all mein Geld in
Versprechen, eines Tages möglicherweise
einmal reich zu sein. Niemals. Wer kann mir
sagen, ob ich dann noch gesund genug bin,
um all das zu tun, was ich tun wollte, als ich
jung war? Wer kann mir sagen, ob ich dann
noch lebe. Wer kann mir sagen, ob ich das
Geld, was ich in meinen jungen Jahren gespart
habe, dann überhaupt noch brauche?
Handle bedacht. Absolut richtig.
Aber bedeutet Klugheit in diesem Fall, den
endgültigen Start in das Berufsleben bereits in
den Anfängen der 20er gemeistert zu haben?
Ich bezweifle das. Ich entscheide mich
dagegen.

Das ist eine intuitive Entscheidung.
Und die basiert nicht auf Klugheit.
Hauptsache, ich treffe sie
und dümple nicht umher.
Denn Herumdümpeln ist vertane Zeit.

Das Gefühl des
Träume-wahr-werden-lassen
ist die Grundlage des
Glücklichseins.

Neben dem Summen im Buggy war das Tagträumen wohl eines der charakteristischsten Merkmale meiner Kindheit. Noch immer träume ich gern. Stelle mir vor, wie es wäre, dieses eine verrückte Leben zu leben, was passieren würde, wenn. Wie viele meiner Träume schon in Erfüllung gegangen sind, weiß ich gar nicht. Das ist schwierig zu sagen, denn aufgeschrieben habe ich sie nie wirklich. Dieses Buch zum Beispiel, seit ich ein kleines Mädchen bin, habe ich es im Kopf: »Ich werde ein Buch schreiben!« Hier ist es.

Träume öffnen mir das Tor zum Glücklichsein. **Weil Träumen keine Grenze hat. Träume sind sicher verpackt in meinem Kopf und da quasselt mir keiner rein.** Die Mehrheit der Menschheit zeigt es doch ganz eindeutig. Sie haben das Träumen verlernt, und was sind sie? Unglücklich.

Es ist ganz egal,
was andere Menschen denken.
Vermutlich denken sie sich gar nichts.

Diese Aussage hat sich in meinem Kopf verankert. Sie stammt von einem jungen Mann, mit dem ich einige schöne Momente teilen durfte. Erst war ich fasziniert von ihm. Vieles war neu für mich, aufregend. Ich habe mich akzeptiert gefühlt, so wie ich bin. Wir waren uns ähnlich. Er hat micht bestärkt in meinen Ansichten, die sonst auf skeptische Gesichter treffen. Ich liebe diese Aussage so sehr, weil sie stärker ist als: »Es ist egal, was andere denken.« Den Mut, den wir meinen aufbringen zu müssen, wenn wir uns jedes Mal überwinden so zu sein, wie wir wirklich sind, in der Überzeugung, dass es ja egal sei was andere denken, brauchen wir gar nicht, wenn wir uns bewusst machen, dass sich Menschen vielleicht gar nichts denken.

Allein die Vorstellung, dass andere urteilen könnten, stresst uns.

Ich gehe mit der Einstellung durchs Leben, dass sich meine Mitmenschen nichts denken. Umso mehr freue ich mich, wenn ich ein Kompliment bekomme, für die Art und Weise, wie ich bin. Und bisher habe ich noch keine einzige blöde Bemerkung bekommen.

Mag das daran liegen, dass sich niemand
etwas denkt? Mag das daran liegen, dass sich
niemand traut, etwas zu kommentieren?
Für mich ist das unbedeutend.

Ganz im Gegenteil.
Menschen sprudeln vor Begeisterung, wenn
sie Menschen treffen, die authentisch sind, die
einfach das machen, was sie gerne tun. Weil es
so selten geworden ist, und das ist unendlich
schade.

Leben
leben lassen.
Miterleben
teilhaben lassen.

Die Sonne geht auf.
Sie geht wieder unter.
Macht ihren Lauf,
herauf und herunter.

Sie schenkt uns den Tag, um zu erkunden.
Sie schenkt uns die Nacht, um zu ruh'n.
Das ist nicht frei erfunden,
es ist verlässlich, ausnahmslos.

Für uns ist es selbstverständlich.
Wertschätzung ist gar vergebens.
Doch für mich ist es erdenklich,
jedes Mal die Geburt des Lebens.

Das »Viel mehr«, das in uns steckt,
halten wir zurück wie eine eiserne Reserve.

Folgenden Eintrag habe ich geschrieben kurz nach meiner Rückkehr. Und kurz vor meiner Entdeckung eines wunderschönen Ortes, den ich Zuhause nenne:

dt.: »Mir wurde die Einreise verweigert am internationalen Flughafen Seattle-Tacoma und das ist okay. Aber ich weiß, dass ihr dazu in der Lage seid, einen wahrhaftig kriminellen Menschen von einer jungen Frau zu unterscheiden, die hierhergekommen ist, ohne auch nur eine einzige schlechte Intention. Und ich weiß, dass ihr in der Sekunde, in der ihr mir in die Augen geschaut habt, entschieden habt, mich wieder heimzuschicken. Ihr habt entschieden, zu schikanieren. Und ich weiß, dass ihr eure Macht ausgenutzt habt, um mich für 22 Stunden emotional zu missbrauchen. Und ich weiß, dass ich nichts dagegen tun kann, aber ich werde weiter dafür beten, dass diese Art der »zur falschen Zeit am falschen Ort« - Politik, die auf dem Bauchgefühl und der Kaltherzigkeit eines Offiziers basiert, aufhören wird, damit meine zukünftigen Kinder, falls sie die USA bereisen möchten, nicht mit diesem lächerlichen Schwachsinn konfrontiert werden. Und ja, ich habe mir vorgestellt, wie ich euch vor die Füße spucke, und ich bin mir sicher, dass ihr das in meinen Augen sehen konntet. Und dagegen konntet ihr nichts tun, weil ich ruhig geblieben bin. Ich habe mir selbst bewiesen, dass ich eine starke Frau bin. Und ich habe meine Fähigkeit, Feinden zu vergeben, verbessern dürfen. Dankeschön.«

Wieso erzähle ich dir von diesem Erlebnis im Zusammenhang mit diesem Spruch?

Mein »Viel mehr«, das in mir steckt, habe ich in dieser Situation erleben dürfen. Ein langer Moment, in dem ich machtlos war. Hätte ich mir vorher dieses Szenario ausgemalt, so wäre es sicherlich nicht so abgelaufen, wie es das letztendlich tat. Weil ich selbst nicht daran geglaubt hätte, wie geduldig, wie willensstark und wie resilient ich tatsächlich bin.

Hier empfinde ich es als unerträglich, wenn die Spitze des Kugelschreibers nicht eingefahren ist, gehe ich an die Decke, wenn ich den Geräuschen des Fernsehers von meinem Bett aus lauschen kann.

Für 22 Stunden da sitzen und still sein aber anscheinend kein Problem.

Wir entfachen unser »Viel mehr« in Extremsituationen, weil wir müssen, weil wir keine Wahl haben.

Ich möchte es fortan entfachen, weil ich es möchte, wann ich es möchte. Und weil ich weiß, dass da doch noch so viel mehr sein muss.

Mein Angstgefühl erwacht da,
wo ich mich selbst habe liegen lassen.

Ein mir unbekannter Ort, an welchem ich den Mut habe, abends, in der Dunkelheit, allein spazieren zu gehen, Straßen auf und ab und am Strand entlang. Mit Musik auf den Ohren tanze ich diesen Weg entlang, jeden Abend aufs Neue. Doch daheim bin ich selbst zu verängstigt, bei Nacht von der Bushaltestelle bis zu meiner Haustür zu laufen? Ich muss Orte finden, die mich stärken. Meine Zeit dort verbringen, wo ich mich frei fühle. Frei und unbefangen. Keine Frage, dass es Situationen, Orte und Gedanken gibt, die uns Angst bereiten und das zu Recht. Ich spreche hier nicht von berechtigter Angst. Ich spreche von Angst, für die es keine plausible Erklärung gibt. Denn genau dieses Angstgefühl ist nicht zurückzuführen auf etwas tatsächlich Beängstigendes, sondern auf die Tatsache, **dass ich das, was mich innerlich stark macht, nicht mehr mit mir trage.**
Warum auch immer.

Die Verbindung zu mir selbst ist der Schlüssel
zu allen kraftvollen Schätzen,
die in mir schlummern.

Ich möchte schreiben von diesem einen Weihnachtsfest. Ich bin einen Schritt zurückgetreten, und ich habe das stressfreieste Fest erlebt seit jeher. Nicht allein, ich behaupte sogar, weniger allein als die letzten Male, wo viele Leute um mich waren. Hört sich merkwürdig an, aber lass mich dir erzählen, wieso: Ein Fest der Liebe.

Ein Fest der Verbundenheit. Und es ist absolut unmöglich, wahrhaftig zu verbinden, wenn du dich selbst verloren hast. Ein Phänomen, das zu einem Gefühl von Abgeschlagenheit führt, wenn Menschen da sind. Menschen, die sich lieben beisammen, das sind die Momente, denen wir entgegenfiebern sollten. Und sie haben mich nicht mehr mit Glück erfüllt. Ich bin einen Schritt zurückgetreten und gestern habe ich mit voller Ehrlichkeit gesagt: »Ich bin so unendlich glücklich.« Vorher war ich auch glücklich, kein Zweifel. Aber ich habe nun die Verbundenheit zu mir selbst wieder aufgebaut und neu erlernt, mich auszudrücken, neu gelernt, Ich zu sein.

Alles, was wir tun müssen, ist, das Zurückfinden zu uns selbst nicht auszulassen, weil es uns mühselig erscheint. Denn dann werden wir diese eine Art der Zufriedenheit niemals erreichen.

Ich bin sehr stolz, wenn ich lese, was ich hier gerade geschrieben habe.

»Ich bin stolz auf dich.«

Was für ein wunderschöner Satz. Ein Satz, der
so viel mehr ist als Lob oder Anerkennung.
Stolz empfinde ich nur für einen Menschen,
der einen besonderen Platz in meinem Herzen
hat. Einen Jemand, der eine tolle Leistung
erbracht hat, bewundere ich, ihm spreche ich
meine anerkennenden Worte aus.

Stolz für meine Mitmenschen aber, ist etwas
Besonderes.

Verständnis für
die Verständnislosigkeit deiner Mitmenschen.
Ein kleiner, ein guter Anfang.

Damit beziehe ich mit nicht auf das Nicht-Verstehen eines Sachverhaltes. Ich beziehe mich auf Menschen, die auf mich, auf mein Leben, mit Unverständnis reagieren. Die mich konfrontieren mit blöden Fragen. Immer stand ich hinter der Aussage »Es gibt keine blöden Fragen.« Heute weiß ich, doch, es gibt sie. Nämlich die Fragen, die mein Leben in Frage stellen. Alle meine Entscheidungen, die ich in meinem Leben treffe, habe ich nicht zu rechtfertigen. Was ich tue, solange es mich betrifft, erfordert keine Rechtfertigung.
Tritt mir jemand mit Unverständnis für mein Leben entgegen, so antworte ich mit Verständnis und rechtfertige mich nicht dafür. Es ist genau die Antwort, die mein Gegenüber verstummen lässt. Sie lenkt seine Gedanken wieder zurück in sein eigenes Leben.

Demut.
Mut.

Demut mag manchmal mehr Überwindung kosten als Mut. Mehr Disziplin. Demütig sein ist eine Stärke. Besonders dann, wenn wir uns selbst beherrschen müssen.

Demut besänftigt. Demut entschärft.

Wenn wir wissen, es gibt nichts, was wir gerade tun können. Ausgeliefert sein. Still sein. Ruhe bewahren.

Was in unseren Gedanken passiert, gehört uns. Unsere Augen sagen mehr als jeder Wutausbruch. Und dagegen kann niemand etwas tun. Es ist eine Ausdrucksweise, die auch böswilligen Menschen an der Seele kratzt. Das ist Stärke. Demut. Mut.

Ein wahrhaftig weiser Mensch
erkennt eine Grenze,
auch wenn sein Gegenüber sie abschreitet.

Ein wahrhaftig gerechter Mensch
überschreitet sie nicht,
auch wenn sein Gegenüber das möchte.

Don't fight for them.
Let them fight for you.

- Kämpfe nicht für sie.
Lass sie für dich kämpfen. -

Vor kurzem bekam ich diesen Rat.

In der heutigen Zeit stehen dieser Aussage vermutlich viele kritisch gegenüber, so war auch mein erster Gedanke. Ich, eine Frau, soll einen Mann für mich kämpfen lassen. Und das in der heutigen Zeit. All das ein kurzer Gedanke, als mir klar wurde, dass diese Aussage für mich persönlich absolut wertvoll ist. Erstens wird hier nicht geschlechterspezifisch definiert, zweitens ist nicht vorgeschrieben, wie ich auf jemanden, der um mich kämpft, reagiere, wie viel Mühe ich zurückgebe, wie ich darauf antworte. Aber sobald ich meinem Gegenüber die Chance nehme, um mich zu kämpfen, nehme ich mir selber damit auch die Chance, erkämpft zu werden. Liebe ist nicht vergleichbar, deshalb ist es so schwierig, Rat zu geben. Für mich waren seine Worte jedoch genau richtig, denn ja, ich möchte es schaffen, dass ein Mann sich für mich entscheidet, und leider musste ich bisher stets erfahren, dass sie es nicht tun, wenn ich beginne zu kämpfen. Was ist also verkehrt daran, ihn kämpfen zu lassen? Ich empfange, reagiere darauf, antworte, gebe zurück. Es ist schön, dass wir die Möglichkeit haben zu entscheiden, wie wir uns ausleben. Leider habe ich jedoch das Gefühl, dass es nahezu verwerflich scheint, heutzutage zu sagen, dass ich gern das angeblich schwache Geschlecht bin. Lass uns nicht streiten über diesen Ausdruck. Die wenigen, die das tatsächlich noch glauben, die lassen wir in dem Glauben. Und kloppen sie in die Tonne. Bitte. Danke.

Jeder Einzelne ist schwach, liebt es manchmal, schwach zu sein. Jeder darf schwach sein. Aber ja, ich möchte, dass mir der schwere Rucksack abgenommen wird, ich möchte die Tür aufgehalten bekommen, ich möchte beschützt werden. Und das darf ich so wollen. Genauso darf ich das nicht wollen. Ich möchte erkämpft werden. Und ich stehe dazu.

Wir haben einen Wettkampf aus etwas gemacht, was nie einer sein sollte.

Unentschlossenheit zeugt von
Verlorenheit eines Selbst.

Wie würdest du dich entscheiden?
Für immer Königin oder für immer ihre
Magd? Meine Antwort, wie folgt:
»Nur dann, wenn ich sicher weiß, dass meine
Königin gut ist, mich gut behandelt, dann
entscheide ich mich dafür, ihre Magd zu sein.
Habe ich diese Sicherheit nicht, so würde ich
mich stets dafür entscheiden, Königin zu sein.
Denn nur so garantiere ich ein gutes Leben für
mich und genauso ein gutes Leben für meine
Magd.« Unser Tischgespräch vor einigen
Tagen. Ein Mensch, der in dieser Situation
keine Entscheidung trifft, der trägt
zwangsläufig das Risiko mit sich, ein
fürchterliches Leben als Magd führen zu
müssen. Er traut sich selbst nicht zu, Königin
zu sein, er trifft seine Entscheidung ohne
Beachtung der Stärke, die er in sich trägt. Eine
wundervolle Königin wäre dort gewesen,
hätte sie sich bloß entschieden.
Jetzt ist es zu spät.

Keine Angst vor Entscheidungen,
die groß erscheinen,

bitte.

Liebe braucht Mut.

Ich schreibe von einer Liebe, die ich neu entdeckt habe, als ich zwei jungen Frauen über den Weg gelaufen bin, und sie heute, als zwei meiner größten Schätze, Teil meines Lebens nennen darf.

Was die Liebe in dieser Freundschaft für mich so einzigartig gemacht hat, war die Tatsache, dass sie so einfach ist.

Diese beiden haben es geschafft, dass ich den Mut habe, meine Selbstliebe an erste Stelle zu stellen, meine Liebe so auszudrücken, wie ich bin, und Fehler zu machen, ohne dass sie unser Maß an Liebe zueinander beeinflussen. Freundschaften können so unkompliziert sein, wenn doch einfach kommuniziert wird und nicht verurteilt.

Ich liebe sie so sehr.
Weil wir so einfach sind.

Wir müssen,
das Kreieren eines erfüllten Lebens von dem
Empfangen von Erfüllung in einem Leben fern
von den Erwartungen anderer, separieren.

Menschen versuchen, ihr Unterbewusstsein zu beeinflussen mit einem Ziel, das sie bewusst festgelegt haben. Wissend, dass es eigentlich unser größter Schatz, unsere größte Stärke ist. Menschen haben Angst davor, die Macht ihrer Intuitionen wertzuschätzen und anzunehmen. Und das, obwohl alles, was sie tun müssen, ist, diesem ihr Vertrauen zu schenken.

Einem Bauchgefühl zu folgen, ohne eine plausible Erklärung dafür geben zu können, scheint verworren für die meisten, aber wahrhaftig zu glauben, in der Macht zu sein, das eigene Bewusstsein über unterbewusste Begehren und Wünsche zu stellen, scheint weniger abstrus. Merkwürdig.

Wir brauchen dieses Unterbewusstsein.
Also lasst es auch unterbewusst sein.

Du bist ein Pinguin.
Du schwimmst gern in kaltem Wasser.

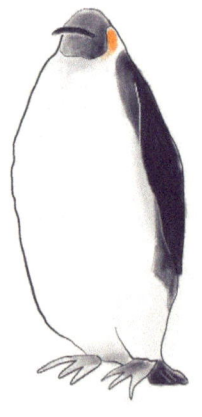

»fear of commitments«

Diesen Ausdruck mag ich nicht.

Liebe bedeutet nicht Verpflichtung. Ein solch negativ behafteter Begriff im Zusammenhang mit dem schönsten, was es gibt auf dieser Welt. Kontrovers, nicht wahr? Wobei es vielleicht bloß anders beleuchtet werden muss. Verpflichtet werden ist nicht gleichzusetzen mit dem eigenen Entschluss, sich zu etwas zu verpflichten. Menschen, die lieben, verpflichten sich, ehrlich zu sich selbst und anderen zu sein. Alles andere resultiert daraus.

Ein ehrlicher Mensch hat keine Angst vor Verpflichtungen.
Er entscheidet sich für Verpflichtungen.
Das habe ich gelernt.

Daddy's
Girl.

Wie schön es war, als er mich diesen Morgen daran erinnert hat, wer ich wirklich bin. Habe er nicht erwartet. Den Van im Gepäck, aber sie sitzt barfuß am Boden, wartet, bis alle etwas zu essen auf dem Teller haben, bevor sie anfängt. Sie teilt, sie gibt, ohne etwas dafür zu erwarten. Sie fotografiert analog, weil sie genervt ist von der Masse an Bildern auf dem Telefon. Sie möchte Momente wahrnehmen. Sie erlebt das Hier und Jetzt. Sie ist bescheiden.

»Daddy's girl« haben sie mich genannt. Danke, Papa und Mama, dafür, dass ihr mich erzogen habt mit dem Wissen, dass mir Geld Möglichkeiten eröffnet, Stabilität gibt und mich von Sorgen befreit. Am dankbarsten bin ich allerdings dafür, dass eure Lebensweise den unbezahlbaren Wert von Freiheit, Liebe und Mut widerspiegelt.

Den Mut, das zu tun, was mich mit Glück erfüllt. Egal, was andere dazu sagen. Verurteilungen entstehen aus Neid und Unzufriedenheit.

Mein Leben.
Meine Entscheidungen.

Liebe ist grenzenlos.

Ist also vielleicht das, was bleibt?

Lange habe ich nicht mehr darüber nachgedacht, wie unendlich groß das Universum ist. Es ist unendlich, aber dehnt sich aus. Wohin aber dehnt es sich aus, wenn es unendlich ist? Seit gestern beschäftigt mich das sehr. Dimensionen, die sich nicht ergreifen lassen, begreife ich nicht. Das Universum ist das Größte, was existiert und jemals existieren wird. Wobei es größtenteils Leere ist, und lässt sich Größe überhaupt mit Leere definieren? Etwas, was Nichts ist, existiert doch gar nicht. Genauso die Frage, ob da noch etwas ist, irgendwo, unvorstellbar weit weg. Leben. Für mich ist das nie eine relevante Frage gewesen. Was ist absurd daran zu glauben, dass wir erschaffen wurden, ganz bewusst, und eines Tages ausgelöscht werden, ganz bewusst. Zumindest hier. Und keinem wird es wehtun. Es wird die Befreiung, nach der wir hier vergeblich suchen. Damit klärt sich für mich auch die Frage nach dem Sinn des Lebens. Meinen Sinn sehe ich im Sein.
Den einen Sinn gibt es nicht.

Wie auch?

Milliarden von Menschen und einen Sinn? Es geht auch nicht darum, diesen zu finden. Es geht darum, zuzulassen. Dinge, die bereits vorgesehen sind, können wir nicht ändern, wir sollen auch gar nicht. Denn wahre Glückseligkeit und Erfüllung ist ähnlich wie das Universum. Ein Geheimnis. Das bedeutet nicht, dass sie nicht erreichbar sind.

Wir sind so klein und so sinnvoll.

So sinnvoll und doch so klein.

Menschlich eben.

Und Menschlichkeit hat Grenzen.

Menschen begegnen,
Menschen erleben.
Sich gern unterhalten,
sich wortlos verstehn.

Diesmal schien es anders zu sein,
ich fühlte mich nicht mehr allein.
Du nahmst mir das Gefühl der Angst,
dass du mir zu viel abverlangst.

Einfach bloß ich selber sein,
denn ich bin ein Edelstein.
Und glänzen tue ich, sobald
ich mein wahres Ich entfalt.

Genau.
Glänzen tue ich, sobald
ich mein wahres Ich entfalt.

Es gibt ihn,
den richtigen Zeitpunkt, aufzuhören.

Nun liege ich hier warm eingemuckelt und denke nach über das Gespräch, das ich soeben geführt habe. Es ist eine klare, von Sternen erleuchtete portugiesische Nacht. Zwei Stühle hatten wir gegenüber positioniert und uns zusammengesetzt. Mit etwas aufzuhören bedeutet nicht, gescheitert zu sein. Es bedeutet viel mehr, sich von einem Weg abzuwenden, der nicht der richtige für mich war, und sich auf einen neuen zu begeben. Ist dieser Zeitpunkt vorbei, wie als habe man eine Ausfahrt verpasst, so mache ich es mir selbst bloß schwerer. Natürlich, aufhören kann man immer. Aber stell dir vor, vier von sechs Jahren des Studiums sind geschafft, jetzt aufhören? Da denkt ein jeder doch noch zweimal mehr drüber nach. Zu Recht.

Ein richtiger Zeitpunkt kann verpasst, gleichermaßen kann er auch voreilig erzwungen werden. Er hat mir gezielte Fragen gestellt, er ist super gut darin, zu sprechen, zuzuhören, Rat zu geben, unglaublich wertvolle Worte, die er mir mit auf den Weg gegeben hat.

Am Ende des Gesprächs also sitze ich hier mit dem Wissen, dass ich möglicherweise schon weiß, was ich eigentlich möchte.

Aber ich möchte doch so viel, ich bin gut in so vielem, ich habe so viele Träume, die ich verfolgen möchte. So geht es mir. Meine Schwester sagt mir immer, ich sei so begeisterungsfähig, fange ich mit etwas an, so gebe ich dafür 100 Prozent, und wenn es geht sogar noch mehr, und ich liebe es. Genauso schnell vergeht mir aber auch wieder die Lust daran. Gerne wüsste ich, wieso das so ist, ob mir schließlich die Herausforderung fehlt, die mich anspornt, oder vielleicht möchte ich von allem ein bisschen anstelle von einem alles.

Vermutlich suche ich einfach noch.

Suche meine Aufgabe, suche mein Talent, suche mich selbst. Und das ist okay.

Solang ich mich für das Suchen entscheide.

Ich weiß, wo ich hingehöre.
Weiß ich, wo ich hingehöre?
Muss ich wissen, wo ich hingehöre?
Kann ich es überhaupt wissen?

Drei Fragen, eine Antwort: Nein.
Es geht nicht darum, zu wissen, was als
Nächstes oder jetzt gerade passieren sollte,
sondern darum, sich für eine der vielen
Möglichkeiten zu entscheiden, dazu zu stehen,
und daraus etwas Tolles zu machen. Ohne
dabei ständig mit einem Fühler weiter zu
suchen. Eine gemachte Entscheidung verbaut
mir nur selten die nächste. Das tut sie nur
dann, wenn ich sie nicht zeitig treffe.

Die Wahrheit
liegt immer irgendwo in der Mitte.

Tut sie das wirklich, habe ich mich gefragt. Mein erster Gedanke dazu war Überzeugung, ohne zu hinterfragen. Mein zweiter Gedanke wiederum Ablehnung, ich begann darüber nachzudenken. Beziehen tut sich meine Überlegung auf Konflikte, auf Kommunikation, auf Emotionen. Sobald Gefühle Teil eines Geschehens sind, kann meiner Meinung nach nicht mehr von Wahrheit gesprochen werden. Wahrheit beschreibt etwas, was belegt werden kann. Dinge werden als wahr betitelt, wenn ausgeschlossen werden kann, dass sie nicht wahr sind. Dass ich nicht beurteilen kann, was in meinem Gegenüber vorgeht ist, klar. Doch auch was in mir vorgeht, weiß ich doch meist selbst nicht.

Wir sind trainiert darin, uns selbst zu belügen. **Wir haben verlernt, ehrlich zu uns selbst zu sein.** Das ist leider so.

Heute
trage ich ein Lächeln im Gesicht.

Wir unterhielten uns darüber, dass wir beide oft gesagt bekommen, wie schön es doch sei, dass wir so viel lächeln. Oder noch besser die Frage, warum wir denn so viel lächeln.

Warum nicht? Eine einfache und berechtigte Gegenfrage. Die Antwort darauf besteht meist in verdutzten Gesichtern. Denn es ist wahr, was spricht dagegen, mit einem Lächeln im Gesicht durchs Leben zu gehen. Der Alltag ist freudlos genug. Ein jeder freut sich doch über ein lächelndes Gesicht, das dir gegenübersteht, an dir vorbeihuscht. Und selbst wenn es nicht einmal wahrgenommen wird, was spricht dagegen, es dennoch mit sich zu tragen? Ein trister Tag mag trist bleiben. Alles, was passieren kann, ist, dass er weniger trist wird.

Ein ehrlich lächelnder Mitmensch kann mir nicht den Tag vermiesen.

:)

Gute Vorsätze
sind Beruhigungspillen
für unser Gewissen.

Neues Jahr. Neues Glück.

Oder was auch immer sich Menschen denken, die sich jedes Jahr aufs Neue die Vorsätze aufschreiben, die sie dieses Jahr ihrer Meinung nach wiedermal nicht strikt genug eingehalten haben. Ich schwanke zwischen »knuffig« und »lächerlich«, wenn ich das höre. Zwei Vorsätze nenne ich hier und vermutlich mindestens einen davon hast du selber schon mal auf deine Liste gesetzt: Im nächsten Jahr ernähre ich mich gesünder. Im nächsten Jahr schenke ich mir selbst mehr Beachtung. Alles schön und gut. Das sind allgemein formulierte Sätze, die ich spätestens am Ende des Januars vermutlich wieder vergessen habe.

Wie wäre es mit:

»Am Ende dieses Jahres möchte ich so zufrieden sein, dass ich nicht das Bedürfnis habe, mir gute Vorsätze für das kommende Jahr aufschreiben zu müssen.« Fertig. Damit ist alles gesagt.

Mal sehen was passiert.

»Aber das sieht man doch gar nicht.«

Genau das ist das Problem.

Wir schreiben Menschen ihr Unwohlsein ab.

Wir nehmen ihnen das Privileg, sich krank zu fühlen.

Menschen sind vorlaut.

Widersprüche.

Eines Tages hatte ich es gefunden, das eine Wort, das genau das beschreibt, was mich immer wieder aufs Neue verärgert. Schon seit ich ein kleines Mädchen bin, habe ich versucht zu verstehen, was mich wütend macht, versucht, einen Zusammenhang zu finden. Doch all diese Situationen und kein Zusammenhang. Jetzt habe ich ihn und er lautet: Widersprüche. Sobald etwas widersprüchlich abläuft oder jemand sich widersprüchlich verhält, macht es mich wütend, ein ungutes, unruhiges Gefühl macht sich in mir breit.

Harmonie herrscht da, wo es kaum Widersprüche gibt. Und **Grundlage für ein harmonisches Miteinander sind Menschen, die sich an das halten, was sie sagen**, die sich so verhalten, wie sie möchten, dass ihnen begegnet wird. Widersprüchliches Verhalten ist unehrlich.

Es gibt keinen Grund dafür,
nicht optimistisch durchs Leben zu gehen.

»*Ich lebe einen Traum.*
Weil ich gelernt habe, mein Leben entscheiden zu
lassen, welche Orte ich besuchen, welche Menschen
ich kennenlernen und welche Erfahrungen ich
machen soll. Zu erkennen, dass Pläne, von denen
ich dachte, sie perfekt gemacht zu haben, nicht dem
entsprechen, was gerade geschehen soll, fühlt sich
im ersten Moment erschütternd an. Aber diese
loszulassen und mit offenen Armen zu empfangen,
was sowieso für mich vorgesehen war, ist das
befreiendste Gefühl überhaupt.«

Am Ende des Tages ist das Leben
gut zu uns, ich bin mir da so sicher.
Menschen nehmen dem Leben die
Leichtigkeit, die es eigentlich mit sich bringt.

Zurück an der Hütte merke ich, wie kühl meine Füße doch geworden waren. Während meines Spaziergangs hatte ich das gar nicht wahrgenommen, so versunken war ich in meine Gedankenwelt. Ein letztes Mal drehe ich mich Richtung Meer, atme die salzige Luft durch die Nase ein, durch den Mund wieder aus. Das Glitzern der Sterne und den Schein des Mondes habe ich wie aufgesogen.
Meine Augen strahlen, als sende meine Seele den warmen Schein des Mondes aus.

Bis heute gibt es Momente, in denen ich in den Spiegel schau und es wiedersehe.
Den Schein des Mondes in meinen Augen.

Es ist Schlafenszeit.
Gute Nacht. Boa noite.

Meine Suche nach Glückseligkeit
geht weiter.

Was sind nun passende Worte, diesen Gedankenspaziergang zu beenden? Lies doch bitte diesen Eintrag aus meinem Notizbuch. Geschrieben am 22. Juli 2022 in Baleal, Portugal:

»Zuletzt habe ich immer wieder darüber nachgedacht, wie ich denn nun später einmal leben möchte. Und ganz sicher bin ich mir, dass es nicht so sein wird, wie ich aufgewachsen bin. Ich hatte eine mit Liebe erfüllte, wunderbare Kindheit, und genau die möchte ich auch mit meinen Kindern erleben. Nur in einem anderen Umfeld. Ein Leben im Van? Unterwegs sein als kleine Familie, ein Traum. Irgendwann dann vielleicht ein Stück Land, ein kleines Haus, ein Outdoor Bad, alle Wände zu öffnen, Surfboards im Garten, nahe dem Meer und den Van in der Einfahrt. Ein südliches Land, Portugal? Ein Leben wie ein Abenteuer. Ein Leben voller Überraschungen. Weil ich hier Tag für Tag sehe, was möglich ist. Weil ich hier jeden Tag mehr realisiere, wer ich bin, und es geht nicht darum Rebell zu sein, sondern Ich zu sein. Mach, trau dich! Zurückkommen kannst du immer. Chancen verfliehen. Heimat bleibt. Mein Zuhause

aber muss ich selber finden. Noch suche ich. Oder
habe ich bereits gefunden?«

Mein Name ist Celina.
Am Ende dieses Sommers verabschiedete ich
mich mit den Worten: »Muszę lecieć« - Ich
muss los - und einem Zwinkern aus dem
Autofenster.

Kuss.

MIX

Papier | Fördert
gute Waldnutzung

FSC® C083411

Zeitfracht Medien GmbH
Ferdinand-Jühlke-Straße 7
99095 Erfurt, Deutschland
produktsicherheit@kolibri360.de